Hamster

NATIONAL GEOGRAPHIC KiDS

ABSOLUMENT TOUT SUR LES
# ANIMAUX DE COMPAGNIE

Ce labrador croisé est un excellent ami.

# TABLE DES MATIÈRES

Introduction .................................... 6

## 1 PARADE D'ANIMAUX .......... 8
Qu'est-ce qu'un animal de compagnie? ...... 10
Des chats adroits et des chiens malins ...... 12
De jolies boules de poils ...................... 14
Nageoires, écailles et plumes ................ 16
**DIAGRAMME EN PHOTOS :**
Le chat et le chien vus de près .............. 18

## 2 BIEN-ÊTRE DES BÊTES ...... 20
Des bêtes bichonnées .......................... 22
Copain copain .................................. 24
Les animaux s'amusent! ...................... 26
Des protecteurs à quatre pattes ............ 28
**GALERIE DE PHOTOS :** Souris! ............ 30

## 3 AMIS POUR LA VIE .......... 32
Un bon coup de patte .......................... 34
Parler aux animaux ............................ 36
Quel animal choisir? .......................... 38
Ceci n'est pas un animal de compagnie ...... 40
**COMPARONS LES ANIMAUX ET LES HUMAINS :**
Une histoire de famille ........................ 42

## 4 ANIMAUX HABILES .......... 44
Des bêtes de scène ............................ 46
L'origine des noms ............................ 48
Assis, reste, fais le beau! .................... 50
Mythe ou réalité? .............................. 52
**PHOTO TÉMOIN :**
Des border collies intelligents
par Virginia Morell ............................ 54

**LE MOT DE LA FIN :**
Protégeons les animaux ........................ 56
**GLOSSAIRE INTERACTIF :**
Mets tes connaissances des animaux
à l'épreuve .................................... 60
Références photographiques .................. 62
Index ............................................ 63

Les furets drôlets ressemblent un peu à des rongeurs, mais ils appartiennent à la même famille que la belette et le vison.

Cette tortue à oreilles rouges ne semble pas demander beaucoup de soins, mais c'est tout le contraire. Les tortues peuvent vivre pendant des décennies et atteindre plus de 30,5 cm de long!

# INTRODUCTION

## QUE TU AIMES RENDRE TON CHAT FOU AVEC UN POINTEUR LASER,

faire des grimaces aux poissons dans ton aquarium ou lancer une balle de tennis baveuse à ton petit chien, ton animal de compagnie est ton meilleur ami pour la vie!

Depuis au moins 30 000 ans, les humains et les animaux s'entendent à merveille. On compte aujourd'hui des millions d'animaux de compagnie dans le monde. Les chats et les chiens étaient probablement les tout premiers, mais les humains aiment prendre soin d'autres sortes d'animaux, comme les poissons et les chevaux, depuis des milliers d'années. Tous les animaux de compagnie d'aujourd'hui sont des cousins éloignés d'animaux qu'on utilisait autrefois pour se nourrir, se protéger ou effectuer de durs labeurs. Avec le temps, ces animaux sont devenus des compagnons et non plus de simples repas ou des tracteurs. Il y a beaucoup à apprendre au sujet de ces loyaux amis, alors installe-toi confortablement et prépare-toi à découvrir ABSOLUMENT TOUT sur les animaux de compagnie.

## PAROLE D'EXPERTE

**BONJOUR! JE M'APPELLE VIRGINIA MORELL.** Je suis auteure et correspondante scientifique pour National Geographic. J'adore étudier ce qui se passe dans la tête des animaux. J'ai croisé beaucoup d'animaux ayant des comportements intéressants. Certains sont des animaux de compagnie et d'autres, non. Nos animaux de compagnie, ceux qui vivent avec nous, comme les chiens, les chats et les poissons rouges, occupent souvent une place spéciale au sein de la famille. Même s'ils ne peuvent pas nous parler, nous aimons leur confier nos secrets; parfois, ils semblent nous comprendre mieux que quiconque.

Tout au long du livre, suis-nous, mon colley Buck et moi, pour savoir ce qui se passe dans les coulisses du monde des animaux de compagnie!

# 1 PARADE D'ANIMAUX

Chat maine coon

Lapin

Poisson-clown

Les animaux de compagnie sont nos compagnons. Les gens des quatre coins du monde s'entendent pour dire que les chats, les chiens, les oiseaux, les poissons et les reptiles font d'excellents animaux de compagnie.

# QU'EST-CE QU'UN ANIMAL DE COMPAGNIE

**CONSIDÈRES-TU TON CHAT COMME TON MEILLEUR AMI?** Nous savons tous à quel point les amoureux des chats peuvent être extrêmement fidèles à leurs chats. Il y a 5 000 ans, les Égyptiens sont allés encore plus loin et ont même considéré les chats comme une espèce sacrée. La déesse Bastet était représentée sous la forme d'un chat. Les Égyptiens enterraient des momies de chats en guise d'offrandes à la déesse pour qu'elle leur accorde une faveur ou deux. Ils avaient remarqué que les chats, qui chassaient les rats, les serpents et les autres vermines, étaient aussi très utiles dans une maison. Au fil du temps, les gens ont commencé à s'occuper des chats et à en faire des animaux de compagnie. C'est ainsi qu'ils ont été domestiqués, ou apprivoisés — bien que certaines personnes disent qu'on ne peut jamais réellement apprivoiser un chat!

Même si on en vénérait quelques-uns, la majorité des animaux de compagnie que l'on connaît aujourd'hui ont aidé les humains d'une manière ou d'une autre. Les chiens participaient à la chasse aux animaux sauvages et protégeaient les chasseurs pendant la nuit. Les cochons d'Inde et les lapins ont d'abord été élevés pour servir de nourriture. Les chevaux transportaient de lourdes charges et aidaient les gens à se déplacer.

Qu'est-ce qui fait qu'un animal est un animal de compagnie? Eh bien, les gens considèrent les animaux de compagnie comme des membres de la famille. Ils les nourrissent et en prennent soin simplement parce qu'ils leur font du bien.

Une race moderne de chat qu'on appelle le mau égyptien

**Une statue de la déesse égyptienne Bastet**

## LES ANIMAUX DE COMPAGNIE QUI ONT LA COTE

Les animaux de compagnie sont très populaires en Amérique du Nord. Des millions de personnes en ont. Regarde le nombre d'animaux différents que possèdent les Américains.

- 160 millions — Guppy
- 86 millions — Chat commun domestique
- 78 millions — Chien croisé
- 16 millions — Perruche ondulée / Dragon barbu
- 13 millions — Cheval pur-sang
- 8 millions

Poissons · Chats · Chiens · Oiseaux · Reptiles · Chevaux

## ANIMAL DE COMPAGNIE OU PAS?

**Les animaux d'élevage ne le sont pas.** Les gens se servent des animaux d'élevage pour produire de la nourriture ou pour les faire travailler. Ils se servent aussi de leurs poils, de leur peau ou de leur fourrure. Par exemple, on élève les chèvres pour leur lait, on utilise les bœufs pour labourer les champs et on tond les moutons pour leur laine. Les propriétaires d'animaux d'élevage prennent soin de leurs bêtes pour s'assurer qu'elles sont en santé, mais la plupart des fermiers ne laisseront pas leurs vaches laitières dormir au pied du lit.

**Les animaux sauvages ne le sont pas.** Certaines personnes essaient d'apprivoiser des animaux sauvages comme des ratons laveurs ou des loups, mais ces animaux ne sont pas des animaux de compagnie. Les animaux sauvages ont souvent un comportement agressif; ils arrivent donc à bien survivre dans la nature, mais ils ne peuvent pas jouer gentiment avec les membres de la famille ni bien se tenir pendant le dîner. Il est aussi difficile de répondre aux besoins des animaux sauvages, car il leur faut beaucoup d'espace pour se promener à l'extérieur. Si on ne donne pas aux animaux ce dont ils ont besoin, ils peuvent tomber malades et être malheureux.

Loup

**DRÔLES DE BÊTES** — LES CRIQUETS SONT DES ANIMAUX DE COMPAGNIE POPULAIRES EN CHINE.

# DES CHATS ADROITS ET DES CHIENS MALINS

**LORSQU'UN TOUT PETIT CHIHUAHUA SORT LE BOUT DE SON NEZ D'UN SAC À MAIN CHIC,** c'est difficile de croire qu'il a un lien avec les loups. C'est pourtant vrai! Les premiers chiens étaient probablement des loups qui ont commencé à prendre l'habitude de vivre près des gens il y a plus de 30 000 ans. Le chien a été le premier animal de compagnie des humains, et on comprend bien pourquoi il est devenu le meilleur ami de l'homme (et de la femme). Il protégeait la famille, rassemblait le bétail et tirait même des charrettes. Les chiens font encore bien plus aujourd'hui!

Le peuple de l'Égypte antique n'est pas le seul à aimer les chats. Ces bêtes sont parmi les animaux de compagnie les plus populaires au monde. Il y en a plus de 400 millions sur la planète. Comme pour les chiens, il existe de nombreuses sortes de chats. Certains sont minces et ont le poil court, comme le bleu russe, alors que d'autres sont massifs et duveteux, comme le chat persan. On trouve des chats et des chiens sur tous les continents, sauf l'Antarctique. Cela prouve que leur charme est reconnu dans le monde entier.

Rottweiler

Chihuahua

## À L'ABOR-R-R-DAGE!

Si tu t'imagines que tous les pirates avaient un perroquet sur l'épaule, tu te trompes. Les chats ont longtemps parcouru les mers en tant qu'amis des marins. Ces souricières sur pattes empêchaient les rongeurs clandestins de grignoter les cordes ou le bois, ou de manger les réserves de nourriture. Des aliments salubres signifiaient des marins en santé. Si les aliments étaient contaminés par les rats, les marins tombaient malades. Les chats servaient aussi de compagnons affectueux aux voyageurs en mer qui étaient loin de leur famille et de leurs amis durant des mois et des mois.

Chat commun domestique

## LE CHIEN LE PLUS LAID AU MONDE

Voici Mugly, le gagnant de 2012 du concours du chien le plus laid au monde. Mugly est un chien chinois à crête. Cette race de chien remporte souvent le premier prix dans les concours de chiens laids. Pourquoi certaines personnes s'intéressent-elles à ce chiot qui ressemble à une vedette de film d'horreur? Son absence de poil en fait un bon choix pour les personnes allergiques. Et, selon leurs propriétaires, ces chiens sont aussi laids qu'ils sont adorables.

Chat bleu russe

**DRÔLES DE BÊTES** LE PLUS PETIT CHIEN AU MONDE VIT AU KENTUCKY. IL EST PLUS PETIT QU'UNE CANNETTE DE BOISSON GAZEUSE.

ANIMAUX DE COMPAGNIE

# DE JOLIES BOULES DE POILS

## LES CHATS ET LES CHIENS
**NE SONT PAS LES SEULS ANIMAUX QUE NOUS ADORONS.**
Les gens sont fous d'autres mammifères, comme les lapins, les chevaux et les rongeurs.

### LAPIN CÂLIN
Les lapins sont élevés pour leur viande et leur fourrure depuis presque mille ans, mais vers les années 1800, les gens ont commencé à les adopter comme animaux de compagnie. Il existe près de 50 races de lapins. On aime les cajoler, et il est facile d'en prendre soin. Certains peuvent apprendre à rapporter des choses comme un chien et à utiliser une litière comme un chat.

### RONGEUR ENJÔLEUR
Certains enfants crient de joie ou de peur à la vue d'une souris ou d'un rat. Mais ces petits mammifères sont toujours des animaux de compagnie populaires, tant à l'école qu'à la maison.

Lapin angora

### COCHON D'INDE
Autrefois, en Amérique du Sud, on élevait les cochons d'Inde pour les manger. Des explorateurs espagnols ont fait connaître le cochon d'Inde en Europe dans les années 1500. Il est devenu un animal de compagnie à ce moment-là.

### GERBILLE
Ces rongeurs du désert sont d'abord venus d'Afrique et d'Asie. On a fait d'eux des animaux de compagnie depuis 50 ans seulement. Les gerbilles sont très actives la nuit.

## DRÔLES DE BÊTES
LE PLUS GROS LAPIN DOMESTIQUE S'APPELLE DARIUS. C'EST UN GÉANT DES FLANDRES QUI PÈSE 23 KG.

## À DOS DE CHEVAL

Les chevaux ont d'abord été chassés pour leur viande. Puis, il y a environ 5 000 ans, les gens ont commencé à les domestiquer et à les équiper d'un harnais pour les chevaucher, leur faire tirer des carrioles et labourer les champs. Mais les chevaux sont faits pour courir. Certains peuvent courir à plus de 48 kilomètres à l'heure et faire des sauts de 2 mètres de hauteur! Les gens ont découvert qu'il était très amusant de se promener à cheval et ont commencé à les adopter comme animaux de compagnie pour faire de l'équitation. De plus, les chevaux sont les seuls véhicules tout terrain qui consomment de l'avoine plutôt que de l'essence.

## PAROLE D'EXPERTE

Est-ce que tu as un rat à la maison? Savais-tu que les rats rient? Les scientifiques ont constaté que les rats ouvraient la bouche lorsqu'ils jouaient ensemble. Comme aucun son n'en sortait, tout le monde a présumé que c'est ainsi que les rats s'amusaient. Puis, un scientifique a installé près de la cage un dispositif particulier qui transformait les sons qu'émettait le rat pour qu'on puisse les entendre. À ton avis, qu'est-ce que le scientifique a entendu? Des rires! Les rats émettaient des couinements joyeux. Tout comme nous, les rats rient lorsqu'ils jouent ensemble.

## CHINCHILLA

Ces boules de poil soyeuses appartiennent en fait à la famille des porcs-épics. Quelle surprise! Pour se laver, les chinchillas se roulent dans la poussière. Cela sèche leur fourrure et lui donne une allure soyeuse et magnifique. Il n'y a rien de mieux qu'un bon bain de poussière!

## HAMSTER

Les hamsters ont une très mauvaise vue, mais leurs sens de l'odorat et du toucher ainsi que leurs moustaches les aident à s'orienter.

## SOURIS ET RAT

Les humains considèrent souvent que les souris et les rats sont de terribles vermines. Mais ce sont d'excellents animaux de compagnie. Les rats sont généralement deux à trois fois plus gros que les souris et vivent un an ou deux de plus. Comme tous les rongeurs, les souris et les rats grignotent tout ce qui leur tombe sous la dent : cela empêche leurs dents de devenir trop longues.

# NAGEOIRES, ÉCAILLES ET PLUMES

Ara bleu et or

**DRÔLES DE BÊTES** LE PLUS GROS POISSON ROUGE AU MONDE MESURAIT PLUS DE 30 CM DE LONG ET VIVAIT AUX PAYS-BAS.

## LES MAMMIFÈRES NE PLAISENT PAS À **TOUT LE MONDE.**

Pour ceux qui préfèrent les plumes et les nageoires à la fourrure, les meilleurs animaux de compagnie sont peut-être ceux qui rampent, qui gloussent ou qui nagent.

Poisson rouge

### PASSION POISSON

Il y a 2 000 ans, bien avant l'invention des écrans de télévision, on pouvait se divertir en regardant des aquariums et des bassins. Les Romains avaient des bassins remplis de poissons. Dans beaucoup de cultures, avoir un poisson à la maison porte bonheur. Il existe deux types de poissons : les poissons d'eau douce et les poissons d'eau salée. Les poissons d'eau douce, comme les poissons rouges et les poissons combattants, sont plus faciles à garder à la maison dans un aquarium que la plupart des poissons d'eau salée. Mais peu importe leur type, les poissons sont relaxants.

Poisson combattant du Siam

### CERVELLE D'OISEAU

Tous les maîtres se confient à leurs animaux, mais la plupart ne répondent pas! Certains oiseaux sont capables de parler; de nombreuses espèces de perroquets apprennent des dizaines de mots et d'expressions. Les plus talentueux peuvent reproduire le son d'un klaxon ou d'une sonnerie de téléphone.

Iguane vert

### SERPENTS ENVOÛTANTS

Depuis des milliers d'années, les gens charment les serpents et sont charmés par eux. Dans certains pays, comme l'Angleterre, les serpents et les lézards deviennent des animaux de compagnie plus populaires que les chiens. Les reptiles n'ont pas besoin d'autant de soins et d'exercice que les chats et les chiens. Cela fait d'eux de bons compagnons pour les gens occupés.

Inséparables

Python royal

ANIMAUX DE COMPAGNIE

# DIAGRAMME EN PHOTOS

## LE CHAT ET LE CHIEN VUS DE PRÈS

**Moustaches** Les moustaches du chat sont extrêmement sensibles. Elles l'aident à se situer dans les espaces sombres et étroits quand il n'y a pas assez de lumière pour voir. Les moustaches touchent les murs, et le chat peut ainsi savoir s'il a assez d'espace pour passer. Cela lui permet aussi de chasser des rongeurs et des serpents dans des endroits exigus.

**Queue** Quand un chat marche sur une clôture ou sur une surface étroite, il utilise sa queue pour garder son équilibre. La position de sa queue peut aussi nous indiquer s'il veut jouer ou s'il est prêt à bondir.

Chat commun domestique

**Squelette** Les chats n'ont pas de clavicules; c'est pourquoi leur squelette est aussi souple. Ils peuvent se tortiller dans tous les sens. Quand il tombe, le chat se retourne dans les airs pour essayer d'atterrir sur ses pattes.

**Griffes** Les griffes du chat sont courbées. Elles lui permettent d'agripper les proies… et de grimper dans les rideaux! Les griffes sont aussi attachées aux muscles des pattes du chat; il peut donc les rétracter quand il n'en a pas besoin.

# DES MOUSTACHES À LA QUEUE, LES CHATS ET LES CHIENS ONT DES CARACTÉRISTIQUES QUI LES AIDENT à percevoir ce qui les entoure, à chasser, à bouger et à communiquer. Découvre comment ils se sont adaptés à leur environnement.

**Pelage** De nombreuses races de chiens possèdent deux pelages : un pelage extérieur rugueux et un sous-poil soyeux. Ces épaisseurs gardent les chiens au chaud et au sec, un peu comme un imperméable porté par-dessus un tricot.

**Queue** Certains chiens de traîneau, comme le malamute de l'Alaska, utilisent leur queue comme écharpe. Ils la recourbent autour de leur tête pour rester au chaud et se protéger de la neige quand ils sont couchés.

**Truffe** La truffe d'un chien est plus de mille fois plus sensible que le nez d'un humain. Selon les scientifiques, les chiens peuvent sentir des odeurs que nous ne percevons pas. Grâce à leur flair, les chiens peuvent même détecter des maladies chez les gens, comme certains cancers!

**Pattes** Les coussinets sous les pattes du chien sont coriaces. Ils l'empêchent de se blesser sur une surface rugueuse. Les tissus graisseux des coussinets permettent au chien de marcher confortablement, un peu comme s'il portait des pantoufles.

Terrier de Norwich

Les animaux de compagnie ont besoin d'un foyer sécuritaire pour jouer, dormir et manger. Certains habitats confortables sont de simples cages. D'autres, comme ce parc pour hamsters, sont de véritables paradis pour les animaux.

# 2
# BIEN-ÊTRE DES BÊTES

# DES BÊTES BICHONNÉES

MANUCURES

VÊTEMENTS

MASSAGES

ABONNEMENTS AU GYM

**SOINS DES ONGLES — ET BIEN PLUS ENCORE — CERTAINS ANIMAUX DE COMPAGNIE ONT LA BELLE VIE!** Gunther IV est un berger allemand dont la fortune s'élève à plus de 300 millions de dollars grâce à une comtesse qui a légué toute sa richesse à ses animaux. Gunther n'est pas le seul chien millionnaire. Trouble, un bichon maltais, est devenu célèbre lorsqu'il a reçu 12 millions de dollars de son propriétaire. Ce compagnon canin vivait dans un appartement-terrasse à New York. Chaque semaine, on le conduisait en limousine à son rendez-vous pour se faire faire les ongles. D'autres animaux ont reçu de l'argent également. En Angleterre, un poulet du nom de Gigoo a hérité de 10 millions de dollars et d'un domaine à la campagne. Depuis des milliers d'années, les gens parent leurs animaux d'or et de bijoux. Pour les gens très riches et leur compagnon, il n'y a pas de limites. Des bols d'eau confectionnés par des artistes renommés aux lits pour animaux de compagnie tissés avec de vrais fils d'or, l'argent permet d'acheter à peu près n'importe quoi à nos amis les animaux. En fait, de nos jours, les propriétaires très fortunés d'animaux de compagnie ont plus d'options que jamais pour gâter leurs animaux.

Avec ses 12 millions de dollars en banque, Trouble mène la grande vie.

**DRÔLES DE BÊTES** TINKERBELL, UN CHIHUAHUA, HABITE DANS UN MANOIR CLIMATISÉ AVEC DES LUSTRES ET UN ESCALIER EN COLIMAÇON.

MOBILIER

## Dépenses annuelles pour les animaux de compagnie

(aux États-Unis en 2011)

**19,9 MILLIARDS DE DOLLARS** — Nourriture

**13,4 MILLIARDS DE DOLLARS** — Soins vétérinaires

**11,8 MILLIARDS DE DOLLARS** — Fournitures et médicaments en vente libre

**3,8 MILLIARDS DE DOLLARS** — Services pour les animaux : toilettage et pension

**2,1 MILLIARDS DE DOLLARS** — Achat d'animaux

## VÊTEMENTS GRIFFÉS

Si tu crois que les humains sont les seuls à porter des vêtements coûteux, détrompe-toi! Que ce soit pour acheter un manteau de vison à un chat ou un survêtement de grand couturier à 1 000 $ pour la promenade de Fido, les humains dépensent des fortunes en vêtements pour animaux. Certains portent même des colliers de diamants qui coûtent plus d'un million de dollars!

BIJOUX

## SPAS POUR PITOUS

Courir après la balle au parc toute la journée peut être épuisant. C'est pourquoi il existe des hôtels et des spas réservés aux animaux de compagnie. L'hôtel Pooch, à Los Angeles, est l'un des palaces canins les plus chics au monde. Pour 125 $ la nuit, le chien dort dans une suite où il y a un téléviseur à écran plat pour le divertir et une caméra Web afin que son maître puisse le surveiller à distance. Les clients ont même droit à un massage gratuit ou à une période de récréation spéciale à la piscine.

## COPAINS COMME COCHONS

L'adorable créature à droite est un marcassin (un bébé sanglier) et son compagnon est un Jack Russell terrier qui s'appelle Candy. Le marcassin était en train de mourir de faim dans un champ en Allemagne. Il n'avait que quelques semaines, et sa mère avait disparu. La famille de Candy l'a trouvé, l'a nommé Manni et l'a nourri au biberon. Une fois Manni hors de danger, il a commencé à s'amuser avec Candy. Ils jouaient à cache-cache et se baladaient. Les deux copains ont appris à communiquer et Manni s'est mis à japper comme Candy. Bien sûr, un marcassin reste un animal sauvage. Manni n'a donc pas pu rester avec Candy pour toujours. Mais ils se sont bien amusés tant qu'ils sont restés ensemble!

# COPAIN COPAIN

### KOKO ET SON CHATON

Koko est un gorille qui vit en Californie. C'est une femelle devenue célèbre parce qu'elle a appris plus de 1 000 mots dans le langage des signes. Elle adore aussi les chatons! Son premier chat était un manx qu'elle a appelé All Ball. Cette race de chat n'a pas de queue, ce qui explique probablement pourquoi Koko a trouvé qu'il ressemblait à une balle. Koko a élevé plusieurs chatons et aimait jouer avec eux. Certains quittaient le nid lorsqu'ils grandissaient, alors Koko en adoptait un autre.

### QUE SE PASSE-T-IL QUAND UN ORANG-OUTAN RENCONTRE UN CHIEN DE CHASSE?

Ils deviennent bons amis! Suryia, un orang-outan, et Roscoe, un bluetick coonhound, se sont rencontrés en Caroline du Sud, dans un centre de conservation pour les espèces menacées. Sans foyer, Roscoe était affamé et vagabondait dans un parc à la recherche de nourriture. Suryia a trouvé Roscoe et l'a immédiatement adopté. Tous deux sont depuis inséparables. Suryia emmène même Roscoe faire une promenade tous les jours.

Des animaux vont souvent s'entendre s'ils sont élevés ensemble ou s'ils ont des personnalités compatibles. Tout comme les gens, de nombreux animaux aiment avoir des amis.

**DRÔLES DE BÊTES** KOKO S'EST AUSSI LIÉE D'AMITIÉ AVEC UN PERROQUET ROUGE. ELLE L'A APPELÉ DEVIL TOOTH (DENT DU DIABLE EN ANGLAIS).

# LES ANIMAUX S'AMUSENT!

## POURQUOI LES CHATONS ESSAIENT-ILS D'ATTRAPER DES MORCEAUX DE FICELLE? POURQUOI CERTAINS CHIENS COURENT-ILS APRÈS UNE BALLE DES MILLIARDS DE FOIS SANS SE FATIGUER?

Pourquoi les hamsters tournent-ils inlassablement dans leur roue? Tout comme les gens, les animaux de compagnie aiment jouer! Pour certains, un peu d'exercice suffit, comme le hamster qui tourne dans sa roue. D'autres font preuve d'ingéniosité. Certaines activités éveillent l'instinct des animaux. C'est le cas des chats qui s'amusent avec des jouets ou des chiens qui se chamaillent au parc. Ces comportements viennent de leurs ancêtres sauvages qui devaient chasser pour trouver de la nourriture et survivre. Les animaux aiment l'activité. Si tu fais de l'exercice avec ton animal de compagnie, tu tisseras des liens avec lui et tu t'amuseras!

### Fous d'herbe aux chats

As-tu déjà vu un chat devenir dingue en présence d'herbe aux chats? Cette plante contient une substance chimique qui fait perdre la boule à la plupart des félins, qu'ils soient des chatons ou des tigres. Les chats se roulent dessus, la lèchent, la mangent et font des bonds tout autour. Puis, au bout de quelques minutes, l'effet se dissipe, et les chats redeviennent normaux, comme si rien ne s'était passé.

## Un poisson qui joue?

Miroir, miroir, dis-moi qui est le poisson le plus brave? Il s'agit sans aucun doute du combattant du Siam. Quand tu montres à un poisson mâle son propre reflet, il se gonfle et exhibe ses nageoires brillantes pour tenter d'effrayer son « rival ».

## DES APPLICATIONS QUI ONT DU MORDANT

Quand il est question de jouets, les animaux de compagnie d'aujourd'hui trouvent que l'électronique est au poil. Dans une application de jeu pour chats, les félins doivent taper sur les images qui traversent l'écran. Les chats qui ont une bonne coordination œil-patte marquent des points. Ils peuvent même se mesurer à d'autres chats sur Internet pour savoir qui est le meilleur chasseur de souris virtuelles. Pour les chiens, il existe une application qui couine comme de vrais jouets à mâcher. Mais garde un œil sur ta tablette ou ton téléphone si tu ne veux pas qu'ils se fassent mordiller!

Perruche ondulée bleue

## Lancer la balle à un oiseau?

Les perroquets et les perruches ne passent pas toute leur journée à jacasser. Pour garder la forme, ces oiseaux aiment jouer avec des objets. À la fois malins et sportifs, les perroquets peuvent apprendre à manier une balle, et même à la mettre dans un panier. À quand le premier perroquet basketteur professionnel?

## PAROLE D'EXPERTE

Mon chien Buck et moi-même vivons dans les grands espaces ouverts de l'Oregon. Nous faisons des randonnées dans la forêt près de notre maison. Buck aime être en tête; c'est sa façon de me protéger. Durant l'hiver, nous faisons du ski de fond dans les montagnes et sur les collines. Buck porte des bottes spéciales qui protègent ses pattes de la neige et de la glace, tout comme moi. Buck ne se lasse jamais d'apprendre de nouveaux trucs. Il adore courir après de gros bâtons et faire le mort. Ensemble, nous avons suivi un cours d'agilité pour les chiens, et avec moi, Buck a appris à sauter par-dessus des clôtures, à passer à travers un pneu et à courir dans un tunnel.

Épagneul springer anglais

Un hamster sort la tête de sa boule, un jouet qui lui fait faire de l'exercice!

## DRÔLES DE BÊTES
LES ABAJOUES REMPLIES DE NOURRITURE D'UN HAMSTER SONT PLUS LARGES QUE SES ÉPAULES.

ANIMAUX DE COMPAGNIE

# DES PROTECTEURS À QUATRE PATTES

## LES ANIMAUX NE SONT PAS SEULEMENT DE BONS COMPAGNONS; ILS PEUVENT PARFOIS NOUS SAUVER LA VIE.

De tout temps, des animaux de compagnie ont fait preuve de courage et de sacrifice en restant auprès de personnes en difficulté ou en les réconfortant. Les chiens et les chevaux ont souvent joué des rôles importants en temps de guerre et lors de catastrophes. Les chevaux ont été utilisés par les militaires pendant des milliers d'années. Quant aux chiens, leur truffe est l'un des meilleurs outils qui existent pour trouver des personnes coincées dans les décombres de bâtiments détruits lors de catastrophes naturelles.

### CHEVAL DE GUERRE

Entre l'an 356 et l'an 323 avant J.-C., un énorme étalon noir du nom de Bucephalus a aidé Alexandre le Grand à créer l'un des plus grands empires de l'histoire. Quand Bucephalus est mort, Alexandre l'a enterré et a donné son nom à une ville en son honneur. Depuis, les chevaux continuent de jouer un rôle important en temps de guerre. En 2011, on a rendu hommage aux chevaux utilisés pendant la guerre en Afghanistan en érigeant une statue près du lieu où se trouvait l'ancien World Trade Center, à New York, la cible des attaques qui ont déclenché la guerre.

### DE SANS-ABRI À HÉROÏNE

Pearl est une chienne labrador noire qui a connu des débuts difficiles. Sa première famille ne pouvait pas la garder et l'a laissée dans un refuge pour animaux. Un employé d'une fondation de chiens de recherche a vu le potentiel de Pearl et l'a adoptée. Elle est devenue une chienne de recherche et de sauvetage. Pearl a passé plus de deux semaines à Haïti après le séisme dévastateur qui a frappé le pays en 2010. Elle a trouvé 12 personnes coincées dans les décombres et leur a sauvé la vie! Pearl est ensuite allée au Japon pour chercher des personnes prises au piège après le séisme et le tsunami de 2011.

Les équipes de recherche et de sauvetage du monde entier ont recours à des chiens spécialement entraînés pour chercher des survivants. Ce golden retriever à l'odorat fin aide à trouver des victimes après un tremblement de terre meurtrier à Van, en Turquie, en 2011.

**DRÔLES DE BÊTES** LA TRUFFE D'UN CHIEN EST RECOUVERTE D'UNE COUCHE DE MUCUS QUI L'AIDE À CAPTER LES ODEURS.

# GALERIE DE PHOTOS

## SOURIS!

### LES ANIMAUX DE COMPAGNIE SONT DES ÊTRES SOCIAUX QUI AIMENT « LA BONNE COMPAGNIE ».

Qu'ils se blottissent contre leur mère, jouent avec toi ou se parlent entre eux, les animaux de compagnie sont plus heureux et en meilleure santé lorsqu'ils ont des amis fidèles, de la bonne nourriture et beaucoup de choses à faire.

La chatte allaite ses chatons jusqu'à ce qu'ils soient prêts à manger d'autres aliments.

Les conures sont des perroquets qui ont une réputation de clowns. Elles hochent souvent la tête et se balancent d'avant en arrière.

Les ancêtres du chihuahua étaient des animaux sacrés pour les Mayas, les Toltèques et les Aztèques.

Le caméléon peut étirer sa langue à une distance équivalant à deux fois la longueur de son corps.

Les chinchillas possèdent environ 60 poils par follicule pileux, ce qui rend leur pelage très doux. Les humains n'en ont qu'un ou deux.

La plupart des colleys ont un instinct grégaire et peuvent être d'excellents compagnons de ranch ou de ferme.

Le python royal est un très bon nageur. Il remplit son unique poumon, ce qui lui permet de flotter.

Certaines grenouilles ont une substance humide ou collante sur les pattes qui leur permet de grimper aux arbres et de se cramponner à toutes sortes de surfaces.

Les chats et les chiens ont tendance à faire deux ou trois fois le tour d'un endroit avant de s'y coucher.

Malgré son nom, le bernard-l'ermite est une créature sociable qui préfère être entourée d'amis.

La gerbille tape parfois sur le sol avec ses pattes arrière. S'il y a d'autres gerbilles, elles vont toutes se joindre à elle!

**ANIMAUX DE COMPAGNIE**

Passer du temps avec ton animal aide à renforcer le lien affectif et la relation que tu as avec lui. Tu peux le promener, lui lancer la balle ou même faire la sieste avec lui!

# 3

# AMIS POUR LA VIE

Chat commun domestique

Aila, un singe capucin, récupère un disque dans un lecteur de CD pour Travis Roy, qui est devenu quadriplégique en 1995, après un accident au début de sa courte carrière de joueur de hockey.

## UNE EXCELLENTE THÉRAPIE : UN CHEVAL ET UNE SELLE

C'est ce qu'on appelle l'hippothérapie ou l'équitation thérapeutique. Cette fillette de Huntington Beach, en Californie, reçoit des informations motrices et sensorielles par les mouvements d'un cheval. Cela lui sert à la fois de physiothérapie, d'ergothérapie et d'orthophonie. Ce traitement l'aide beaucoup à surmonter ses graves problèmes de santé, car elle a une tumeur au foie et souffre d'autisme.

# UN BON COUP DE PATTE

**LES ANIMAUX D'ASSISTANCE** SONT PARMI NOUS DEPUIS DE NOMBREUSES ANNÉES. LES CHIENS SONT LES PLUS POPULAIRES, car ils aident les personnes qui ont des problèmes de vue ou d'ouïe. Les chiens-guides font partie des animaux les plus recherchés. Ces chiens apprennent à guider les humains dans les rues, à respecter la signalisation et à se déplacer de manière sécuritaire, peu importe où ils vont. Il faut à ces chiens plusieurs années pour apprendre à devenir les « yeux » d'une personne. Les singes capucins sont petits et doux de nature, ce qui les rend parfaits pour vivre dans une maison avec des gens. Ils sont aussi très intelligents et curieux, et savent naturellement se servir d'outils; on peut donc facilement les dresser. Les singes sont entraînés pour aider les gens en fauteuil roulant, notamment. Ils peuvent allumer ou éteindre les lumières, apporter le téléphone et même tourner les pages d'un livre. Toutes ces activités sont impossibles pour une personne qui souffre de paralysie.

Un chien-guide golden retriever aide un garçon aveugle à être actif et en sécurité.

Les dalmatiens sont connus pour aider les pompiers.

**DRÔLES DE BÊTES** LES DALMATIENS ONT ÉTÉ UTILISÉS POUR LA PREMIÈRE FOIS PAR DES POMPIERS DANS LES ANNÉES 1700 POUR ÉLOIGNER LES VOLEURS DE LEURS VÉHICULES ET DE LEURS CHEVAUX.

# PARLER AUX ANIMAUX

**Un signe de la main indique à un bulldog anglais de rester sans bouger.**

**PARLER AUX ANIMAUX N'EST PAS UNE IDÉE NOUVELLE. QU'ON PARLE À UN CHATON EN LANGAGE ENFANTIN** ou qu'on réprimande un chiot indiscipliné, on discute avec nos animaux tout le temps. Mais est-ce qu'ils nous comprennent? Les scientifiques pensent que nos animaux ne perçoivent pas le langage de la même façon que nous. Cependant, de nombreux animaux arrivent à décoder notre langage corporel et nos humeurs. Certains oiseaux peuvent imiter la parole humaine, mais nous ne savons pas à quel point ils saisissent le sens de ce qu'ils disent. D'autres animaux, comme les chiens, vivent avec les humains depuis si longtemps qu'ils semblent comprendre ce que nous pensons ou ressentons. Enseigner quelques trucs à son chien, faire jouer son chat avec une ficelle ou laisser son oiseau venir sur son épaule sont de bonnes façons de communiquer avec lui.

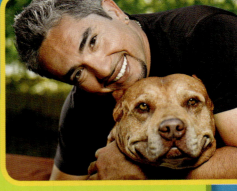

## CHEF DE MEUTE

S'il y a une personne qui peut enseigner de nouveaux trucs à un vieux chien, c'est Cesar Millan. Ce dernier a commencé à travailler avec des chiens agressifs en 1998, et sa capacité de transformer des chiens féroces en anges lui a valu sa renommée mondiale. Pendant des années, Cesar et son ami Daddy, un pit-bull, ont voyagé un peu partout aux États-Unis pour aider les maîtres qui avaient des chiens à problème. Cesar et Daddy ont même fait l'objet d'une émission de télévision qui a été diffusée dans plus de 80 pays dans le monde.

**DRÔLES DE BÊTES** EN 2012, 32 POISSONS MEDAKAS SONT ALLÉS À LA STATION SPATIALE INTERNATIONALE.

**Un petit truc...**
Offrir des récompenses est une excellente manière d'apprendre à ton animal à suivre des ordres. Fais preuve de constance, et ton animal sera bientôt prêt à se donner en spectacle.

Un berger australien fait le beau pour avoir une gâterie.

# UNE QUEUE QUI EN DIT LONG

Tu veux savoir à quoi ton chat pense? Regarde sa queue. C'est une des façons de savoir si c'est le moment de le câliner ou de le laisser en paix.

La queue est dans les airs et le poil n'est pas hérissé.
**« Salut! Je suis là! »**

La queue est au repos et l'extrémité est légèrement courbée vers le haut.
**« La vie est belle! »**

La queue est courbée et l'extrémité remue.
**« Quelque chose m'agace. »**

La queue fouette de l'arrière vers l'avant.
**« Recule, mon gars! »**

La queue est dans les airs et le poil est hérissé.
**« Je suis de mauvais poil! À L'ATTAQUE! »**

ANIMAUX DE COMPAGNIE

# QUEL ANIMAL CHOISIR?

## QUOI DE NEUF, DOCTEUR?

Les animaux ont besoin d'un bilan de santé, tout comme les humains. Il est important de trouver un bon vétérinaire dans ta région pour s'occuper de ton animal. La plupart des vétérinaires connaissent les soins de base des chats et des chiens, mais si tu possèdes des pinsons, des grenouilles ou une tarentule, tu devras trouver un vétérinaire qui est spécialisé dans ce type d'animal.

**EST-CE QUE CE SONT** LES CHATS QUI T'ENCHANTENT? OU LES CHIENS QUI TE CHARMENT? Choisir un animal, c'est beaucoup plus que déterminer quel est ton animal préféré. Vous devez être faits l'un pour l'autre. Regarde lequel des animaux suivants te convient le mieux.

### Couleuvre des blés
**NIVEAU DE DIFFICULTÉ :** débutant
**HABITAT :** un grand vivarium avec un couvercle grillagé qui se verrouille
**NOURRITURE :** des souris et des rats morts
**PETIT TRUC :** Pour éviter que ton serpent te morde, nourris-le avec une pince de cuisine et porte un gant de caoutchouc. Le gant empêchera le serpent d'associer ton odeur à son repas.

### Cochon d'Inde
**NIVEAU DE DIFFICULTÉ :** débutant, avec supervision
**HABITAT :** une cage avec un bol de nourriture, une balle et une litière douillette
**NOURRITURE :** des granules pour cochons d'Inde, des fruits et des légumes frais, et du foin
**PETIT TRUC :** Les cochons d'Inde sifflent et couinent quand ils sont heureux. Certains vont pousser des cris de joie en voyant leur maître, car ils savent que c'est l'heure de manger.

### Perruche ondulée
**NIVEAU DE DIFFICULTÉ :** débutant
**HABITAT :** une grande cage avec des jouets, de la nourriture et de l'eau
**NOURRITURE :** des graines et de petits morceaux de fruits et de légumes frais chaque jour
**PETIT TRUC :** Une perruche ondulée peut vivre jusqu'à 10 ans. C'est peut-être ce qu'il te faut si tu veux un ami pour

longtemps. Les perruches ondulées ont besoin de beaucoup d'interactions et sont très sociales. Elles sont aussi capables de prononcer des mots et d'imiter des sons.

### Chien
**NIVEAU DE DIFFICULTÉ :** intermédiaire
**HABITAT :** un endroit confortable pour dormir et beaucoup d'espace pour jouer
**NOURRITURE :** de la nourriture pour chiens qui contient principalement des protéines, accompagnée de céréales et de légumes
**PETIT TRUC :** Peu importe la taille du chien que tu choisis, prépare-toi à courir et à avoir du plaisir! Un chien a besoin de beaucoup d'activité tous les jours. Une de tes tâches sera aussi de le dresser. Dis-lui le plus souvent possible que c'est un bon chien, et profite de tout l'amour qu'il te donne.

### Labre léopard
**NIVEAU DE DIFFICULTÉ :** expert
**HABITAT :** un aquarium de 250 litres d'eau salée
**NOURRITURE :** des crevettes congelées et d'autres organismes qui vivent dans l'aquarium
**PETIT TRUC :** Ce poisson est facilement stressé. Il a une alimentation spéciale et il tombe malade en captivité. Pour ceux qui possèdent un aquarium, c'est un véritable défi de prendre soin de ce poisson qui a des besoins particuliers.

**DRÔLES DE BÊTES** LES RUSSES ONT PLUS D'UN MILLION D'OISEAUX DE COMPAGNIE.

« Choisis-moi ! » Des chatons attendent de trouver un maître dans les refuges pour animaux.

# COMMENT CHOISIR TON ANIMAL

La plupart des refuges pour animaux et des animaleries offrent une grande variété d'animaux. Quand tu adoptes un animal dans un refuge, tu lui sauves la vie. Le désavantage, c'est que tu ne peux pas toujours trouver un chat ou un chien d'une race particulière, et qu'il n'y a pas beaucoup de poissons, d'oiseaux ou de reptiles dans la plupart des refuges. Les animaleries sont de très bons endroits pour acheter des oiseaux, des rongeurs et des poissons. Si tu cherches un animal d'une race précise, tu peux t'adresser à un éleveur. Cependant, certains éleveurs se soucient davantage de l'argent que de la santé ou de la sécurité de leurs animaux. Il est donc important de commencer par faire quelques recherches au sujet de l'éleveur !

Cochon d'Inde

# CECI N'EST PAS UN ANIMAL DE COMPAGNIE

**L'IDÉE D'ALLER À L'ÉCOLE À DOS DE LION**, DE SE PROMENER AVEC UN LOUP ou encore d'être la seule personne du coin à posséder un chimpanzé ou un python de près de quatre mètres peut sembler excitante, mais garder un animal sauvage à la maison peut très mal finir pour l'animal et pour son entourage. Au cours des 20 dernières années, on a signalé des centaines de cas de blessures causées par des animaux sauvages gardés à la maison. Des dizaines de personnes ont même perdu la vie. Dans la plupart des cas, les animaux impliqués ont été éliminés.

S'ils sont si dangereux, pourquoi les gens les gardent-ils à la maison? Lorsqu'ils sont petits, les tigres, les loups, les serpents et d'autres animaux sauvages sont adorables, et il semble facile d'en prendre soin. Mais à mesure que l'animal grandit, il devient plus gros et plus fort et peut causer beaucoup de dommages.

Certains animaux exotiques sont recueillis dans des endroits qu'on appelle des réserves. Ce sont des lieux de refuge qui offrent beaucoup d'espace pour permettre aux animaux de se balader. Ils ne sont pas accessibles au public, ce qui permet d'éviter que des gens fassent peur aux animaux ou les stressent. De nombreuses réserves accueillent des animaux, comme de gros félins ou des primates, qui ont été abandonnés par leurs maîtres quand ceux-ci se sont rendu compte que ce n'étaient pas de bons animaux de compagnie. Les gens qui travaillent dans les réserves sont habituellement formés pour prendre soin des animaux. Ils savent aussi comment les préparer pour qu'ils retournent dans la nature, si c'est possible.

## ATTENTION, DANGER!

Certains animaux ne font pas de bons animaux de compagnie.

**LOUPS :** Il y a des gens qui pensent que les loups sont comme des chiots et qu'on peut les domestiquer. Ce sont des animaux superbes, mais ils font de mauvais animaux de compagnie. Ces canidés ne sont pas faits pour être apprivoisés. Ils sont imprévisibles avec les gens et peuvent attaquer à tout moment. Ils ont besoin de beaucoup d'espace, et la nourriture pour animaux ne leur convient pas.

**CHIMPANZÉS :** Bien qu'ils semblent adorables, lorsqu'ils atteignent l'adolescence, les chimpanzés deviennent beaucoup plus forts que les humains. Ils deviennent donc parfois difficiles à contrôler, voire même dangereux.

**DENDROBATES :** Ces grenouilles colorées sont magnifiques à regarder, mais il vaut mieux les voir en photo ou à la télévision. Dans la nature, la peau de ces animaux sécrète un poison. Ils ne sont habituellement pas venimeux lorsqu'ils sont élevés en captivité, mais ils n'aiment pas être manipulés et beaucoup d'entre eux sont des espèces en voie de disparition.

Les tigres du Bengale sont peut-être adorables, mais ils peuvent peser jusqu'à 227 kilos lorsqu'ils atteignent la maturité. Ça, c'est un gros minet!

Chimpanzés

## PAROLE D'EXPERTE

Prendre soin de nos animaux est important. Comme tu le sais, certains animaux ne devraient pas être domestiqués même s'ils semblent amusants et de bonne compagnie. Les chimpanzés et les humains ont une relation spéciale dans le monde de la science. Jane Goodall et d'autres chercheurs en ont appris beaucoup à leur sujet en les étudiant et en vivant avec eux dans la nature. Mais un chimpanzé serait très malheureux dans une maison. Il n'aurait pas assez de place pour se promener ni de forêt pour grimper aux arbres. Il s'ennuierait aussi de sa famille et de ses amis. C'est vrai pour tous les animaux sauvages. Ils ont besoin d'être en liberté dans la nature.

## DES SERPENTS DANS LES MARAIS

Les pythons birmans sont des serpents populaires chez les propriétaires d'animaux de compagnie dans le monde, mais en Floride, ils constituent un fléau. Au départ, ce sont peut-être des animaux de compagnie, mais parfois ils s'échappent, ou leurs maîtres les libèrent dans la nature. Ils peuvent alors se reproduire en grand nombre et engloutir les oiseaux et les mammifères du coin, voire même des alligators! En 2005, des chercheurs spécialistes de la faune en Floride ont trouvé un python birman qui était mort en essayant de manger un alligator de presque deux mètres.

**DRÔLES DE BÊTES** UNE FEMME APPELÉE HA WENJIN A VENDU TOUT CE QU'ELLE POSSÉDAIT POUR CRÉER LE PLUS GRAND REFUGE D'ANIMAUX DE LA CHINE.

ANIMAUX DE COMPAGNIE

# COMPARONS LES ANIMAUX ET LES HUMAINS

## EXERCICES ET JEUX

### UNE HISTOIRE DE FAMILLE

## COMBIEN AS-TU DE POINTS EN COMMUN AVEC TON ANIMAL?

Tout comme nous, nos animaux ont des besoins de base : de la nourriture, un endroit où vivre, des soins adéquats et de l'amour! Mais les relations entre les hommes et les animaux sortent souvent de l'ordinaire. Des chiens ont voyagé dans l'espace, des rats sont entraînés pour détecter des explosifs et des chevaux aident des personnes malades à se sentir mieux. Il n'y a aucun doute que nous aimons toutes sortes d'animaux et que ces animaux sont capables de choses formidables. Nous leur donnons des noms, nous leur parlons, et parfois, nous les habillons. Mais à quel point ressemblent-ils aux humains?

La plupart des spécialistes de la santé pensent que les enfants ont besoin d'au moins une heure de jeu ou d'exercice par jour pour rester en bonne santé physiquement et mentalement. Certains animaux, comme les chiens de berger, ont besoin de beaucoup d'exercice pour rester heureux, tandis que d'autres, comme la tortue-boîte, peuvent se contenter de quelques tours dans leur aquarium.

### OUFFF!

Après avoir joué ou fait de l'exercice, il se peut que tu respires plus vite et plus fort. C'est ce qu'on appelle haleter. Les chiens font la même chose, et ils peuvent le faire jusqu'à 300 fois par minute!

OU

## NOURRITURE

OU

As-tu déjà entendu dire qu'il ne faut pas donner de nourriture de table à un chien ou à un chat? En vérité, les chats et les chiens mangent à peu près la même chose que nous, y compris de la viande, des céréales et des légumes. Toutefois, ils doivent manger plus de protéines et moins de céréales que nous.

## SENS

OU

Les sens des animaux sont les mêmes que les nôtres, mais ils fonctionnent différemment. Les serpents, par exemple, ont un incroyable sens du goût grâce à leur langue.

## ENFANCE

OU

Les enfants vivent avec leurs parents pendant environ 18 ans avant de voler de leurs propres ailes. Chez les animaux, cette période dure beaucoup moins longtemps, mais cela dépend de la maturité de l'animal.

## ESPÉRANCE DE VIE

OU

L'espérance de vie moyenne d'une personne varie entre 75 et 80 ans. Pour la plupart des animaux de compagnie, la durée de vie moyenne est beaucoup plus courte (bien que le perroquet puisse vivre aussi longtemps que l'être humain). Les poissons et les reptiles peuvent vivre quelques années. Les chiens et les chats vivent souvent entre 10 et 20 ans.

# 4 ANIMAUX HABILES

Les lapins qui font du saut d'obstacles commencent à s'entraîner à courir et à sauter dès l'âge de huit semaines.

# DES BÊTES DE SCÈNE

**L'EXPOSITION CANINE LA PLUS CÉLÈBRE AU MONDE** est celle du Westminster Kennel Club à New York. Des milliers de chiens provenant des quatre coins du monde rivalisent pour représenter leur race. Comme ce n'est pas logique de comparer des caniches à des danois, les chiens sont répartis en différentes catégories pour la compétition.

### ❶ Chiens d'arrêt
Ces chiens ont du talent pour trouver ou rapporter des animaux durant une chasse. Par exemple, un pointer reste immobile et désigne avec son museau un oiseau qui est caché dans les buissons. Les épagneuls font sortir les animaux de leur cachette. Les retrievers, quant à eux, rapportent les animaux qui ont été abattus par les chasseurs.

### ❷ Chiens courants
Des beagles aux limiers, ces chiens suivent les traces des gens et des animaux à l'aide de la vue, de l'ouïe ou de l'odorat. Initialement, les chiens courants étaient considérés comme des chiens d'arrêt, mais ils ont été regroupés dans une catégorie distincte en 1930.

### ❸ Chiens de travail
Ces chiens sont infatigables. Ils peuvent tirer des charges ou aider les militaires ou les policiers. Les malamutes et les danois sont des exemples de chiens de travail.

### ❹ Chiens de berger
Les bergers shetland et les bergers allemands font partie de cette catégorie, tout comme d'autres chiens qui rassemblent les moutons et les vaches en troupeau.

### ❺ Terriers
La plupart de ces chiens ont été élevés au Royaume-Uni, où ils chassaient les rats et d'autres vermines.

## CLASSE À PART!

Associe la race de chien à gauche avec sa catégorie à droite. Lis les descriptions pour avoir des indices.

### Race de chien

**A** **COLLEY** Ce chien se sent bien à sa place avec des animaux de ferme.

**B** **AKITA** Ce chien qui aime le froid tire de lourdes charges sur des traîneaux.

**C** **LABRADOR** Avec ses pattes palmées et son talent pour rapporter les choses, ce chien est populaire chez les chasseurs de canards.

**D** **JACK RUSSELL** Si tu crois avoir vu un rat, ce petit chien t'en débarrassera.

**E** **CANICHE TOY** Ce caniche miniature est un petit chien d'appartement.

### Catégorie

**1** Chiens d'arrêt

**5** Terriers

**6** Chiens nains

**4** Chiens de berger

**3** Chiens de travail

Réponses : A4, B3, C1, D5, E6

**6** **Chiens nains**
Ces chiens sont élevés pour le plaisir. Plusieurs d'entre eux sont des versions miniatures d'autres races, comme le caniche toy et le poméranien.

**7** **Chiens de compagnie**
Du bulldog au caniche, ces chiens ne sont plus utilisés pour les raisons initiales. Ils sont élevés pour avoir de nombreuses caractéristiques, mais aucune compétence en particulier.

## TROUVE LES DIFFÉRENCES

Peux-tu trouver les différences entre ces deux photos de vacances? Il y a au moins dix différences. (Les réponses sont en bas à gauche.)

1. Le tuba sur la tête du garçon est plus long. 2. Il manque une roche sur la pelouse. 3. Le chien porte des lunettes de soleil. 4. La fillette à gauche porte un chapeau. 5. Les manches du chandail de la fillette à droite ne sont pas de la même couleur. 6. Les yeux du dauphin ne sont pas de la même couleur. 7. Il manque les fenêtres sur la porte de garage. 8. Le bermuda du garçon n'est pas de la même couleur. 9. Il manque la glacière. 10. La bouée gonflable du chien n'est pas de la même couleur.

## DRÔLES DE BÊTES
L'EXPOSITION CANINE DE WESTMINSTER, QUI A COMMENCÉ EN 1877, EST PLUS ANCIENNE QUE L'AMPOULE ÉLECTRIQUE.

# L'ORIGINE DES NOMS

## LES PLUMES ROUGE VIF DE L'ARA ROUGE
te donnent probablement une bonne idée de l'origine du nom de ce perroquet. Mais qu'en est-il des rottweilers? Ces chiens portent le nom d'une ville allemande, Rottweil, d'où ils sont censés venir. Autrefois, ces chiens tiraient des chariots de boucher dans toute la ville. Les noms des races et des espèces sont inspirés de divers éléments. Ils sont souvent attribués en fonction de l'apparence ou du milieu d'origine de l'animal, du son qu'il fait ou du travail qu'il accomplit.

Rottweiler

Ara rouge

## SONS D'ANIMAUX

Si quelqu'un te demande de meugler comme une vache ou de miauler comme un chat, ce n'est pas un problème. Dans tous les pays du monde, les animaux font les mêmes sons, mais les gens utilisent des mots différents pour les reproduire. Lis les sons dans les différentes langues et essaie de deviner de quel animal il s'agit.

1. **piep piep** (néerlandais), **eek** (anglais), **squit** (italien)
2. **vov vov** (danois), **wau wau** (allemand), **vuff vuff** (finnois)
3. **niaou** (grec), **miyau** (russe), **miau** (espagnol)
4. **coa coa** (français), **cra cra** (italien), **kero kero** (japonais)
5. **klip klap** (danois), **paka paka** (japonais), **cotocloc** (espagnol)

Réponses : 1. Souris, 2. Chien, 3. Chat, 4. Grenouille, 5. Cheval au galop

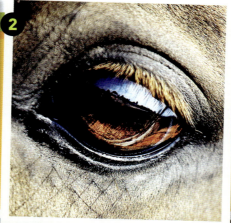

## JE T'AI À L'ŒIL!

Associe chaque œil à l'animal auquel il appartient.

**A** Cheval
**B** Perroquet
**C** Gecko
**D** Chat siamois
**E** Poisson-ange

Réponses : 1B, 2A, 3D, 4E, 5C

## D'OÙ VIENT LEUR SURNOM?

**1. On appelle aussi la tortue commune « oreille rouge », car :**

A. Elle a des lignes rouges à la place des oreilles.
B. Elle a la réputation de mordre les oreilles des gens.
C. Elle a des lignes rouges autour des oreilles.
D. Elle rougit lorsqu'elle entend des bruits forts.

**2. On appelle ces poissons rouges « bubble eyes » (yeux en forme de bulle, en anglais), car :**

A. Ils respirent par les yeux.
B. Ils ont de grandes poches remplies d'eau sous les yeux.
C. Leurs yeux font un son de bulle qui éclate.
D. Ils produisent plus de bulles d'air que les autres poissons rouges.

**3. On donne au teckel le surnom de « chien-saucisse », car :**

A. Au départ, il était élevé pour être mangé.
B. Il a la forme d'une saucisse.
C. Il aime manger des saucisses.
D. Il est brun rougeâtre comme une saucisse à hot dog.

**4. On appelle ce chien de race « caniche », car :**

A. L'ancêtre du caniche, le barbet, était employé pour la chasse aux canards.
B. Les premiers caniches marchaient à l'aide d'une canne.
C. Le mot allemand pour caniche veut dire « grand et duveteux ».
D. Henri Caniche a été le premier à identifier la race.

Réponses : 1C, 2B, 3B, 4A

**DRÔLES DE BÊTES** LE CHIEN QUI A VÉCU LE PLUS LONGTEMPS S'EST ÉTEINT À 29 ANS. C'ÉTAIT UNE CHIENNE AUSTRALIENNE QUI S'APPELAIT BLUEY.

# ASSIS, RESTE, FAIS LE BEAU!

**TU VEUX MONTRER À TOUT LE MONDE QUE TON ANIMAL EST LE PLUS INTELLIGENT?** Dresser un animal n'est pas très difficile. D'abord, tu dois trouver quelque chose qui le stimule. Pour certains animaux, c'est une gâterie. Pour d'autres, ce peut être un jouet en particulier. Une fois que ton animal est motivé, tu dois faire preuve de constance en l'entraînant. Fais-le répéter plusieurs fois par jour et, en peu de temps, tu pourras organiser un spectacle!

La boîte de transport de la roche de compagnie a des trous d'aération, juste au cas où!

Jack Russell

## LUMIÈRE, CAMÉRA, ACTION!

Certains animaux étaient destinés à la vie d'Hollywood. Mets tes connaissances de cinéphile à l'épreuve et essaie d'associer les animaux suivants avec le film dans lequel ils ont joué.

1. *Petit Stuart*
2. *Les 101 dalmatiens*
3. *Chiens des neiges*
4. *Garfield*

A. Dans ce film de 2002, un dentiste déménage en Alaska pour participer à une course de traîneaux à chiens.

B. Dans ce film de 1999, une famille adopte une souris parlante et bien habillée.

C. La diabolique Cruella d'Enfer veut se confectionner un manteau avec la fourrure de ces chiens.

D. La vedette à quatre pattes de ce film de 2004 aime les lasagnes, déteste les lundis et souhaiterait qu'Odie le chien déménage.

Réponses : 1B, 2C, 3A, 4D

## ROCHE DE COMPAGNIE

En 1975, la roche de compagnie est devenue un cadeau populaire que l'on offrait pour rire. La roche était accompagnée d'une boîte de transport et d'un manuel qui indiquait comment entraîner son « nouvel animal ». Dans les directives, on conseillait au propriétaire de s'en tenir à des trucs faciles, comme « reste » et « fais le mort ». Mais la roche de compagnie n'est pas le seul compagnon « non vivant » à avoir existé. Essaie de jumeler chaque « animal » ci-dessous avec sa description.

1. Petville
2. Webkinz
3. Tamagotchi
4. Pokémon

A. Cet animal de compagnie fait partie d'un porte-clés. Sa vie débute lorsque son œuf éclot. Tu appuies ensuite sur des boutons pour le nourrir et jouer avec lui.

B. Le nom est un diminutif anglais de « monstre de poche ». Ces créatures vivent et sont entraînées dans un jeu très populaire lancé par Nintendo.

C. Ce jeu en vogue permet aux utilisateurs de Facebook d'élever des animaux tout en mettant à jour leur statut.

D. Ces animaux en peluche ont une vie trépidante sur le Web. Tu enregistres ton animal et tu joues dans un monde virtuel.

Réponses : 1C, 2D, 3A, 4B

**DRÔLES DE BÊTES** UN BORDER COLLIE NOMMÉ CHASER COMPREND PLUS D'UN MILLIER DE MOTS.

# MYTHE OU RÉALITÉ?

Chat du Bengal

## PARMI CES CROYANCES COURANTES,
PEUX-TU DIFFÉRENCIER LES MYTHES DES RÉALITÉS?

**A** Les chats retombent toujours sur leurs pattes.

**B** Les lapins peuvent crier.

**C** Un chien qui a la truffe humide est en bonne santé.

**D** De nombreux oiseaux peuvent apprendre à parler.

**E** Les chiens sont daltoniens.

**A MYTHE.** Même s'il est vrai que les chats peuvent se retourner en tombant, ils n'atterrissent pas toujours sur leurs pattes. Un chat qui n'a pas assez de temps pour se retourner avant d'atterrir peut se faire mal.

**B RÉALITÉ.** Tu crois peut-être que les lapins sont mignons et tranquilles, mais ces adorables animaux peuvent produire un son horrible quand ils sont apeurés ou perturbés. C'est pourquoi il vaut mieux ne pas organiser de fête surprise pour ton lapin.

Lapin nain bélier

**C MYTHE.** Quand ils sont actifs, les chiens heureux ont souvent la truffe humide; mais cela ne t'informe pas beaucoup sur leur état de santé. La truffe d'un chien est souvent humide parce que le chien la lèche et parce qu'il sue par sa truffe, mais il peut avoir la truffe sèche et être en bonne santé.

Terrier de Boston

**E MYTHE.** Les chiens ne voient pas les couleurs aussi bien que les humains, mais les scientifiques sont plus ou moins certains que les chiens peuvent voir quelques couleurs. Ils pensent que certaines cellules de détection des couleurs dans les yeux des chiens sont les mêmes que dans ceux des humains.

**D RÉALITÉ.** Les perroquets sont les plus connus pour leur babillage, mais d'autres oiseaux domestiques, comme les mainates, peuvent imiter les mots des humains. On dit que les mainates sont les meilleurs pour imiter les humains, mais ce sont les perroquets qui connaissent le plus de mots.

Calopsitte élégante

Teckel

**DRÔLES DE BÊTES** LE PLUS VIEUX POISSON ROUGE A VÉCU PENDANT 43 ANS; IL ÉTAIT SI VIEUX QUE SES ÉCAILLES ÉTAIENT DEVENUES ARGENTÉES.

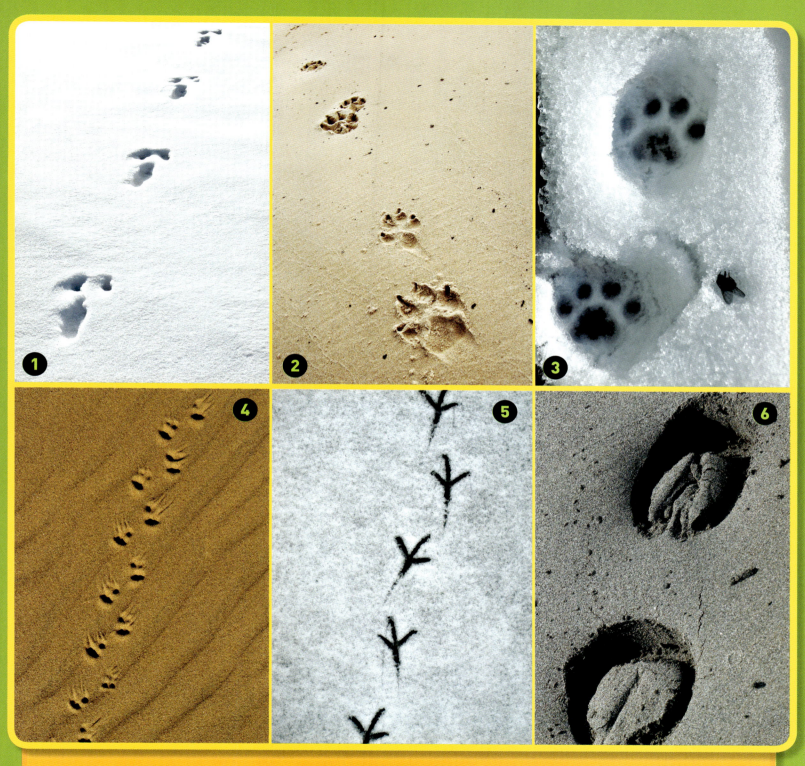

# LAISSER SA TRACE

Veux-tu jouer au détective? Essaie d'associer l'empreinte avec l'animal qui l'a faite.

A Oiseau
B Chat
C Chien
D Caméléon
E Lapin
F Cheval

Réponses : 1E, 2C, 3B, 4D, 5A, 6F

# PHOTO TÉMOIN

## DES BORDER COLLIES INTELLIGENTS PAR VIRGINIA MORELL

**L'UN DES CHIENS** LES PLUS INTÉRESSANTS QUE J'AIE JAMAIS RENCONTRÉS S'APPELLE BETSY. C'est une magnifique chienne border collie qui appartient à un couple en Autriche, les Schaefer. Ils ont laissé Betsy prendre part à des expériences pour que les humains en apprennent plus à propos de ce qui se passe dans la tête de nos animaux.

Les scientifiques ont découvert que Betsy connaissait le nom de plus de 300 jouets. Elle apprend un mot chaque fois que les Schaefer lui donnent un nouveau jouet, et elle n'oublie jamais le nom de ses anciens jouets. Si tu demandes à Betsy d'apporter Lobster, un jouet en caoutchouc, elle va fouiller parmi tous ses jouets pour le trouver.

J'ai rencontré Betsy chez elle lorsque j'écrivais une histoire pour le magazine *National Geographic*. Deux scientifiques rendaient aussi visite à Betsy pour la soumettre à un nouveau test. Mme Schaefer s'est assise sur le plancher devant Betsy, et lui a montré la photo d'un nouveau jouet : un petit disque volant aux couleurs vives. Mme Schaefer a appelé le jouet Frisbee. Elle a dit : « Regarde, Betsy, c'est Frisbee. » Betsy a penché la tête et a poussé un petit gémissement. Elle savait que Mme Schaefer lui enseignait quelque chose de nouveau, mais elle n'était pas certaine de comprendre. Mme Schaefer a montré du doigt l'image du jouet et a répété Frisbee plusieurs fois. Betsy écoutait sa maîtresse, les oreilles bien droites.

Quand Mme Schaefer a dit : « Betsy, va chercher Frisbee », Betsy a couru jusqu'à la cuisine où les scientifiques avaient placé cinq jouets et cinq photographies de jouets. Il y avait une photo de Frisbee comme celle que Mme Schaefer avait montrée à Betsy, et il y avait le vrai Frisbee.

Selon toi, qu'est-ce que Betsy a rapporté à Mme Schaefer? Si tu as répondu le vrai Frisbee, tu as raison! Elle est revenue auprès de sa maîtresse en courant avec le Frisbee dans la gueule. Betsy savait que les choses, comme les jouets, ont des noms. Tout comme elle savait que la photographie n'était pas le vrai jouet!

# LE MOT DE LA FIN

## PROTÉGEONS LES ANIMAUX

**LORSQUE DAME NATURE SE DÉCHAÎNE, IL ARRIVE PARFOIS QUE DES ANIMAUX DISPARAISSENT.** Les refuges qui hébergent les humains ayant dû quitter leur maison ne peuvent pas toujours prendre soin aussi de leurs animaux. Heureusement, des organismes de protection des animaux et des bénévoles se tiennent prêts à passer à l'action pour sauver des animaux et essayer de les ramener auprès de leurs maîtres. Ces personnes travaillent sans relâche pour mettre sur pied des unités mobiles, des transports par hélicoptère ou par bateau et des abris temporaires pour les animaux.

Quand l'ouragan Katrina a frappé en 2005, des centaines de milliers d'animaux ont été abandonnés lorsque les gens ont quitté leur maison. La société de protection des animaux des États-Unis et des groupes comme la société des amis des animaux et la SPCA de la Louisiane sont arrivés sur les terres inondées pour leur prêter main-forte. Environ 8 000 animaux ont été secourus dans les foyers et les rues, et des centaines ont retrouvé leurs maîtres. Avant l'ouragan Katrina, le gouvernement n'exigeait pas que les équipes d'évacuation portent secours aux animaux. Mais après ce désastre, une nouvelle loi a été adoptée sur l'évacuation et le transport des animaux; elle exige qu'on prête une attention particulière au sauvetage des animaux et prévoit un financement à cet égard.

Les tremblements de terre sont particulièrement éprouvants pour les animaux et leurs maîtres. À San Francisco, en Californie, un endroit où il y a souvent des séismes, il existe une politique qui précise qu'on n'abandonne pas les animaux. Quand les secouristes viennent en aide aux gens, ils sauvent aussi leurs chiens, leurs lapins, leurs oiseaux et les autres animaux. Il n'en va pas de même à Fukushima, au Japon. En 2011, quand le gouvernement a évacué les gens se trouvant dans un rayon de 20 à 30 kilomètres d'une centrale nucléaire, environ 15 000 animaux ont dû être abandonnés. Les bénévoles et les maîtres étaient tellement déterminés à secourir ces animaux qu'ils ont enfreint la loi et sont entrés dans la zone d'accès interdit pour en retrouver le plus possible.

Même des médias sociaux comme Facebook et Twitter peuvent être utiles. Certains États américains, comme l'Alabama et le Texas, ont publié des photos d'animaux perdus et retrouvés après des tornades et des feux de forêt. Les refuges locaux pour animaux peuvent aussi diffuser des photos d'animaux relocalisés. Pendant une catastrophe naturelle, la technologie aide les propriétaires et leurs animaux adorés à rester ensemble.

**Les bénévoles dans les refuges pour animaux aident les chats à socialiser. Ils leur donnent de l'affection pour qu'ils soient prêts à être en contact avec un humain. Ce chat est devenu sans foyer après l'ouragan Katrina.**

# COMMENT PRÉPARER TON ANIMAL

**LES ANIMAUX SE CACHENT SOUVENT LORSQUE LA MÉTÉO EST MAUVAISE,** alors apprends à connaître leurs cachettes pour les trouver rapidement. Tous les animaux qui portent un collier doivent avoir un médaillon visible sur lequel il y a des informations à jour. La micropuce est une manière permanente d'identifier ton animal et augmente les chances que tu le retrouves après une situation d'urgence. Pense à préparer une trousse d'urgence pour ton animal; elle devrait contenir des aliments dans un récipient imperméable, de l'eau, des médicaments, son dossier vétérinaire, une cage de transport ou une laisse et quelques jouets pour limiter son stress. Conserve cette trousse dans un endroit accessible afin d'avoir tout ce qu'il te faut à portée de main si tu dois quitter rapidement la maison avec ton animal. Tu peux aussi poser un autocollant sur la fenêtre pour indiquer aux secours qu'il peut y avoir un animal à l'intérieur.

**Un chien secouru à la Nouvelle-Orléans dit « merci ».**

ANIMAUX DE COMPAGNIE

Non seulement les aquariums sont des maisons parfaites pour ces tétras et discus, mais ils sont aussi agréables à regarder!

ANIMAUX DE COMPAGNIE 59

**METS TES CONNAISSANCES DES ANIMAUX À L'ÉPREUVE**

# GLOSSAIRE INTERACTIF

Ce chat domestique préfère se tortiller et ronronner que faire des devoirs.

# CES MOTS SONT SOUVENT UTILISÉS LORSQUE LES GENS PARLENT DES ANIMAUX DE COMPAGNIE. UTILISE LE GLOSSAIRE

pour apprendre ce que veut dire chaque mot et consulte les pages énumérées pour voir le mot utilisé dans son contexte.

## Ancêtres
(PAGE 26)
Animaux sauvages qui ont vécu il y a très longtemps, mais qui sont directement liés à l'animal de compagnie.

**Quel est l'ancêtre du chien?**
a. le chat
b. le loup
c. le serpent
d. le chihuahua

## Animaux d'assistance
(PAGE 35)
Animaux spécialement entraînés pour aider les gens handicapés.

**Quelle tâche ferait probablement un animal d'assistance?**
a. allumer les lumières dans une pièce
b. rapporter une balle
c. enterrer un os
d. conduire une voiture

## Aquarium
(PAGES 7, 17, 38, 59)
Habitat pour les poissons et les autres animaux qui vivent dans l'eau salée ou l'eau douce.

**D'où viennent les poissons que l'on trouve dans un aquarium d'eau salée?**
a. d'un ruisseau
b. d'un océan
c. d'un lac d'eau douce
d. d'une piscine

## Compagnon
(PAGES 7, 9, 13, 22, 29)
Personne ou animal qui tient compagnie ou qui fait partie d'un groupe ou d'une famille.

**Qui était le favori des marins?**
a. le chat
b. le perroquet
c. le poisson
d. la sirène

## Domestiqué
(PAGE 10)
Animal sauvage apprivoisé ou animal élevé pour vivre avec les humains et les aider.

**Lequel des animaux suivants est domestiqué?**
a. l'éléphant
b. le requin
c. le chat
d. la coquerelle

## Espérance de vie
(PAGE 43)
Durée de vie moyenne d'un animal ou d'une plante.

**Quels animaux vivent habituellement entre 10 et 20 ans?**
a. les poissons
b. les serpents
c. les chats
d. les perroquets

## Félin
(PAGES 26-27)
Mot qui désigne les chats ou les animaux de la famille du chat.

**Lequel de ces animaux est un félin?**
a. la perruche
b. la gerbille
c. le poisson-chat
d. le chaton

## Imiter
(PAGES 17, 36, 38, 52)
Reproduire un bruit ou un son.

**Que fait un perroquet qui imite une personne?**
a. il prononce des mots et des expressions
b. il cherche un emploi
c. il promène le chien
d. il prépare le souper

## Langage corporel
(PAGE 36)
Façon dont les humains et les animaux communiquent leurs sentiments en utilisant des mouvements, des gestes et des expressions faciales plutôt que des mots.

**Normalement, quand tu es en colère, tu…**
a. fronces les sourcils
b. bâilles
c. cries
d. souris

## Race
(PAGES 10, 13-14, 19, 39, 46-49)
Groupe d'animaux qui ont les mêmes caractéristiques.

**Quelles caractéristiques les chiens d'une même race partagent-ils?**
a. la taille
b. le comportement naturel
c. la longueur du poil
d. toutes ces réponses

## Refuge
(PAGES 29, 39, 41, 56)
Endroit où les animaux perdus ou abandonnés attendent de retrouver leur maître ou de trouver un nouveau foyer.

**Lequel de ces animaux as-tu le plus de chances de trouver dans un refuge?**
a. un poisson tropical
b. un perroquet
c. une gerbille
d. un chiot

## Reptiles
(PAGES 9, 11, 17, 39, 43)
Animaux qui respirent de l'air, sont couverts d'écailles et pondent des œufs.

**Lequel des animaux suivants est un reptile?**
a. le perroquet gris d'Afrique
b. la couleuvre des blés
c. le hamster nain russe
d. le poisson rouge

## Réserve
(PAGE 40)
Type d'habitat particulier où des animaux sauvages, exotiques ou particuliers vivent et sont tenus à l'écart des gens.

**Lequel de ces animaux aurait sa place dans une réserve?**
a. un chaton
b. un lapin
c. un tigre
d. un chien

## Rongeur
(PAGES 5, 13-15, 18, 39)
Type de mammifère connu pour grignoter, comme la souris, le hamster, le cochon d'Inde et le castor.

**Lequel des rongeurs suivants a la plus mauvaise vue?**
a. la gerbille
b. le chinchilla
c. la souris
d. le hamster

## Vétérinaire
(PAGE 38)
Médecin formé pour soigner les animaux.

**Quelle serait une bonne raison de consulter un vétérinaire?**
a. ton chien a mangé ton sandwich à la dinde
b. ton serpent mue
c. ton perroquet n'arrête pas de dire «allô»
d. ton cochon d'Inde commence à tousser

**RÉPONSES :** Ancêtres : b; Animaux d'assistance : a; Aquarium : b; Compagnon : b; Domestique : c; Espérance de vie : c; Félin : d; Imiter : a; Langage corporel : a; Race : d; Refuge : d; Reptiles : b; Réserve : c; Rongeur : b; Vétérinaire : d.

**Références photographiques**
**Abréviations : (HA=haut, BA=bas, GA=gauche, DR=droite, CE=centre, EX= à l'extrême)**

Couverture : (chat et chien), G K & Vikki Hart/Iconica/Getty Images; (poisson rouge), Oleg Nekhaev/Shutterstock; (lapin), Cherkas/Shutterstock; (ara), criminalatt/Shutterstock; (hamster), Jozsef Szasz-Fabian/Shutterstock; quatrième de couverture : Andy Myatt/Alamy; 1, Jeff Greenough/Blend Images/Getty Images; 2–3, Mina Chapman/Corbis; 4–5, A F Goss/Shutterstock; 6, Jose Luis Pelaez Inc/Blend Images/Getty Images; 7 (DR), Jason Tharp; 7 (DR), Michael J. McRae; 8–9, Eric Isselee/Shutterstock; 10 (BA), DEA/G. Dagli Orti/DeAgostini/Getty Images; 10 (DR), Yann Arthus-Bertrand/Corbis; 11 (HA GA), JDCarballo/Shutterstock; 11 (GA CE), ingret/Shutterstock; 11 (CE), Lobke Peers/Shutterstock; 11 (BA GA), Denis Tabler/Shutterstock; 11 (BA CE), ifong/Shutterstock; 11 (BA CE DR), Eric Isselee/Shutterstock; 11 (HA DR), kurt/Shutterstock; 11 (BA DR), Iakov Filimonov/Shutterstock; 12, cynoclub/Shutterstock; 13 (HA), Nikiforov Alexander/Shutterstock; 13 (GA), Andrew Cowie/AFP/Getty Images; 13 (BA), Ewa Studio/Shutterstock; 14 (GA), vovan/Shutterstock; 14 (HA), Eric Isselee/Shutterstock; 14 (BA), Eric Isselee/Shutterstock; 15 (HA DR), gorillaimages/Shutterstock; 15 (HA GA), Jason Tharp; 15 (BA GA), Steshkin Yevgeniy/Shutterstock; 15 (BA CE), Eric Isselee/Shutterstock; 15 (BA DR), Eric Isselee/Shutterstock; 15 (BA EX DR), Pakhnyushcha/Shutterstock; 16, Alena Ozerova/Shutterstock; 17 (arrière-plan), Sergii Figurnyi/Shutterstock; 17 (HA GA), bluehand/Shutterstock; 17 (HA DR), bluehand/Shutterstock; 17 (BA GA), Pichugin Dmitry/Shutterstock; 17 (BA DR), leungchopan/Shutterstock; 17 (BA CE), Vishnevskiy Vasily/Shutterstock; 18, Image Source/Getty Images; 19, Utekhina Anna/Shutterstock; 20–21, Heidi et Hans-Jurgen Koch/Minden Pictures/National Geographic Stock; 22 (HA GA), Presselect/Alamy; 22 (BA GA), Studio DMM Photography, Designs & Art/Shutterstock; 22 (CE), Lisa Thornberg/iStockphoto; 22 (HA DR), Jonathan Harper/iStockphoto; 22 (BA DR), David McNew/Getty Images; 22 (BA), Jennifer Graylock/AP Images; 23 (HA), Lobke Peers/Shutterstock; 23 (CE GA), holbox/Shutterstock; 23 (DR), coloroftime/iStockphoto; 23 (BA GA), Jean Assell/iStockphoto; 24, Sascha Schuermann/AFP/Getty Images; 25 (GA), National Geographic Channel; 25 (DR), The Gorilla Foundation/Ron Cohn; 26 (GA), vita khorzhevska/Shutterstock; 26 (BA), Victoria Rak/Shutterstock; 27 (HA GA), bluehand/Shutterstock; 27 (HA DR), Douglas Fisher/Alamy; 27 (BA GA), Eric Isselee/Shutterstock; 27 (CE), VitCOM Photo/Shutterstock; 27 (CE DR), Jason Tharp; 28, fotostory/Shutterstock; 29 (CE GA), National Disaster Search Dog Foundation; 29 (DR), DEA/A. Dagli Orti/DeAgostini/Getty Images; 30 (HA GA), Orhan Cam/Shutterstock; 30 (HA DR), Jessica Holden Photography/Flickr RF/Getty Images; 30 (BA GA), Renee DeMartin/Corbis; 30 (BA CE), Revonda Gentry/National Geographic My Shot; 30 (BA DR), Steshkin Yevgeniy/Shutterstock; 31 (HA GA), Makarova Viktoria/Shutterstock; 31 (HA CE), Ariel Skelley/Corbis; 31 (HA DR), Steve Goodwin/iStockphoto; 31 (CE), chris scredon/iStockphoto; 31 (BA GA), Daleen Loest/Shutterstock; 31 (BA DR), imagebroker/Alamy; 32–33, Aifos/iStockphoto; 34 (HA), Jim Bourg/Reuters/Corbis; 34 (BA), Marmaduke St. John/Alamy; 35 (DR), Brian Mitchell/Corbis; 35 (BA), Mark Raycroft//Minden Pictures; 36, Willee Cole/Shutterstock; 36 (HA), Mark Thiessen/National Geographic Stock; 37 (GA), Phil Date/Shutterstock; 37 (DR 1), Utekhina Anna/Shutterstock; 37 (DR 2), Eric Isselee/Shutterstock; 37 (DR 3), Eric Isselee/Shutterstock; 37 (DR 4), Vitaly Titov & Maria Sidelnikova/Shutterstock; 37 (DR 5), Eric Isselee/Shutterstock; 38 (GA), Compassionate Eye Foundation/Sam Diephuis/Digital Vision/Getty Images; 38 (HA DR), Rommel Canlas/Shutterstock; 38 (CE), Paolo Florendo/iStockphoto; 38 (BA GA), Andreas Arnold/iStockphoto; 38 (BA DR), Auscape/Universal Images Group/Getty Images; 39, MBI_Images/iStockphoto; 39 (DR), Sue McDonald/Shutterstock; 40 (HA), Jim DeLillo/Shutterstock; 40 (BA GA), Dirk Ercken/Shutterstock; 40 (DR), Matt Gibson/Shutterstock; 41 (HA), Tiago Jorge da Silva Estima/Shutterstock; 41 (BA), Joe Raedle/Getty Images; 41 (DR), Jason Tharp; 42 (HA), Richard Chaff/iStockphoto; 42 (BA), Andreas Gradin/Shutterstock; 43 (HA GA), Digital Vision/Getty Images; 43 (HA DR), hagit berkovich/iStockphoto; 43 (CE EX GA), Anna Dzondzua/iStockphoto; 43 (CE GA), Eric Isselee/Shutterstock; 43 (CE DR), S.Borisov/Shutterstock; 43 (CE EX DR), Liliya Kulianionak/Shutterstock; 43 (BA GA), KidStock/Blend Images/Getty Images; 43 (BA DR), Sharon Day/Shutterstock; 44–45, AnetaPics/Shutterstock; 46 (arrière-plan), silvae/Shutterstock; 46 a), Erik Lam/Shutterstock; 46 d), Eric Isselee/Shutterstock; 46 b), Jagodka/Shutterstock; 46 e), Jagodka/Shutterstock; 46 c), Eric Isselee/Shutterstock; 47 (HA GA), chictype/iStockphoto; 47, Hill Street Studios/Blend Images/Corbis; 47 (BA chapeau), bestv/Shutterstock; 47 (BA lunettes de soleil), Masson/Shutterstock; 48 (GA), Roman Zhuravlev/Shutterstock; 48 (DR), Vladimir Melnik/Shutterstock; 49 (1), Eric Isselee/Shutterstock; 49 (2), Svetlana Danilova/Shutterstock; 49 (3), Igor Smichkov/Shutterstock; 49 (4), Amanda Nicholls/Shutterstock; 49 (5), Mitchell Kranz/Shutterstock; 49 (BA GA), Marek Velechovsky/Shutterstock; 49 (CE), Lim Tiaw Leong/Shutterstock; 49 (BA DR), Eric Lowenbach/Flickr RF/Getty Images; 49 (CE DR), Esther Branderhorst/iStockphoto; 50 (GA), bikeriderlondon/Shutterstock; 50 (DR), Al Freni//Time Life Pictures/Getty Images; 51 (HA 1), Columbia Tri-Star/The Kobal Collection/The Picture Desk; 51 (HA 2), Walt Disney/The Kobal Collection/The Picture Desk; 51 (HA 3), Douglas Curran/Disney/The Kobal Collection/The Picture Desk; 51 (HA 4), Rhythm & Hues/20th Century Fox/Davis Entertainment/The Kobal Collection/The Picture Desk; 51 (1), Qrt/Alamy; 51 (2), NetPhotos/Alamy; 51 (3), Yoshikazu Tsuno/AFP/Getty Images; 51 (4), Yves Forestier/Sygma/Corbis; 52 (A), GK Hart/Vikki Hart/Getty Images; 52 (B), Robynrg/Shutterstock; 52 (C), Annette Shaff/Shutterstock; 52 (D), You Touch Pix of EuToch/Shutterstock; 52 (E), linnik/Shutterstock; 53 (1), Richard Schramm/Shutterstock; 53 (2), Iurii Konoval/Shutterstock; 53 (3), Ralph Lauer/ZUMAPRESS.com/Alamy; 53 (4), Ingo Arndt/NPL/Minden Pictures; 53 (5), Tim Burrett/Shutterstock; 53 (6), Steven Collins/Shutterstock; 55, Vincent J. Musi/National Geographic Stock; 56, Paul Wood/Alamy; 57 (HA), Carlos Barria/Reuters/Corbis; 57 (BA), Chris Graythen/Getty Images; 58–59, Horizons WWP/Alamy; 60, kenny hung photography/Flickr Open/Getty Images

**LES PHOTOGRAPHIES SONT INDIQUÉES EN CARACTÈRES GRAS**

## A
Akita **46**, 47
Alexandre le Grand 29
Amitié entre animaux 24–25, **24–25**, 31
Ancêtres 12, 26, 30, 61
Animaux bichonnés 22–23, **22–23**
Animaux d'assistance 34–35, **34–35**, 61
Animaux d'élevage 11, **11**
Animaux protecteurs 28–29, **28–29**
Animaux sauvages 11, **11**, 40–41, **40–41**
Applications pour animaux 27, **27**
Aquariums 17, **58–59**, 61
Ara 8, **16**, 48, **48–49**
Ara à ailes vertes 8
Ara bleu et or **16**
Ara rouge 48, **48–49**

## B
Bastet (déesse égyptienne) 10, **10**
Bernard-l'ermite 31, **31**
Bien-être des bêtes **20–21**
Buck (chien) 7, **7**, 27

## C
Calopsitte élégante 8, **52**
Caméléon 30, **30**, 53
Caniche **46**, 47, 49, **49**
Caniche toy **46**, 47
Catastrophes naturelles 56–57
Chats
 allaiter les chatons 30, **30**
 amitié entre animaux **31**
 chat commun domestique **13**, **18**, **32–33**
 chat maine coon **9**
 chat siamois **49**
 choisir un animal **39**
 comme ami des marins 13, **13**
 comme animal de compagnie 8, **9**
 communication 37, **37**
 empreintes **53**
 histoire 10, **10–11**
 mythes 52, **52**
 parties 18, **18**
 popularité 11, **11**, 12
 queue 37, **37**
 tourner avant de se coucher 31
Chevaux 11, **11**, 15, **15**, 29, **29**, 34, **34**, 49, 53
Chiens
 Akita **46**, 47
 amitié entre animaux 24–25, **24–25**, 31
 bichonnés 22–23, **22–23**
 border collie 51, 54, **54–55**
 caniche **46**, 47, 49, **49**
 chien chinois à crête 13, **13**
 chiens de ferme 31, **31**
 chihuahua 8, **12**, 22, 30, **30**
 choisir un animal 38, **38**
 colley 31, **31**, **46**, 47
 comme animaux d'assistance 35, **35**
 communication 36–37, **36–37**, 51, 54
 dalmatien 35, **35**
 empreintes **53**
 grand danois arlequin 8
 héros **28–29**, 29
 histoire 12, 30
 Jack Russell terrier 24, **24**, **46**, 47, **50**
 jeu 27, **27**
 labrador **2–3**, **46**, 47
 le plus laid 13, **13**
 le plus petit 13
 le plus vieux 49
 mythes 52, **52**
 parties 19, **19**
 teckel 49, **49**, 52
 terrier de Norwich **19**
 tourner avant de se coucher 31
 popularité 11, **11**, 12
 rottweiler **12–13**, 48, **48**
Chiens de recherche et de sauvetage **28–29**, 29
Chihuahua 8, **12**, 22, 30, **30**
Chimpanzé 40, **40–41**, 41
Chinchilla 15, **15**, 30, **30**
Choisir un animal 38–39, **38–39**
Cochon d'Inde 14, **14**, 38, **38**, 39
Colley 31, **31**, **46**, 47
Communication 36–37, **36–37**, 48, 51, 61
Compagnons 61
Conure 30, **30**
Couleuvre des blés 38, **38**
Criquets 11

## D
Dalmatien 35, **35**
Dendrobates 40, **40**
Dépenses pour les animaux de compagnie 23
Domestication 10, 12, 61

## E
Égypte ancienne 10, **10**
Empreintes 53, **53**
Enfance 43, **43**
Entraîner un animal 37, **37**, **50**, 50–51, **51**
Espérance de vie 43, **43**, 61
Évacuation des animaux 56
Exercices et jeux 42–43, **42–43**
Exposition canine 46–47, **46–47**
Exposition canine du Westminster Kennel Club, New York 46, 47

## F
Félin 61
Films, animaux dans les 51, **51**
Furet **4–5**, 5, 8

## G
Gâteries 37, **37**
Geckos 49
Gerbille 14, **14**, 31, **31**
Glossaire 61
Grand danois arlequin 8
Grenouilles 31, **31**, 40, **40**
Griffes 18, **18**

## H
Hamster **1**, 8, 15, **15**, **20–21**, **26–27**, 27
Herbe aux chats 26
Héros 28–29, **28–29**

## I
Iguane **17**
Iguane vert 17
Inséparables **17**

## J
Jack Russell terrier 24, **24**, **46**, 47, **50**
Jeux et exercices 26–27, **26–27**, 42–43, **42–43**
Jouets pour animaux 26–27, **26–27**, 54

## K
Koko (gorille) 25, **25**

## L
Labrador **2–3**, **46**, 47
Labre léopard 38, **38**
Langage corporel 36, 61
Lapins 9, 14, **14–15**, 44, **44–45**, 52, **52**, 53
Lézard 17
Lions 40
Loups 11, 12, 40

## M
Micropuces 57
Millan, Cesar 36, **36**
Morell, Virginia 7, **7**
Moustaches 18, **18**
Mythes 52

## N
Noms des animaux 48–49
Nourriture 43, **43**

## O
Oiseaux
 ara 8, **16**, 48, **48–49**
 calopsitte élégante 8, **52**
 comme animal de compagnie **16**, 17, **17**, 38
 conure 30, **30**
 empreintes **53**
 inséparables 17, **17**
 jeu 27
 perruche ondulée 11, **11**, 27, **27**, 38, **38**
 popularité 11, **11**
 qui parlent 17, **17**, 52
Orang-outan 25, **25**
Ouragan Katrina (2005) 56

## P
Pattes 19, **19**
Pelage 19, **19**
Perroquets
 ara 8, **16**, 48, **48–49**
 conure 30, **30**
 inséparables 17, **17**
 jeu 27
 réalités 52
 yeux 49
Perruche ondulée 11, **11**, 27, **27**, 38, **38**
Perruches 27, **27**, 38, **38**
Poisson combattant **17**, 27, **27**
Poisson rouge 16, **17**, 49, **49**, 52
Poisson-clown 9
Poissons
 aquariums 17, **58–59**, 61
 choisir un animal 38, **38**
 comme animal de compagnie 17, **17**
 dans l'espace 36
 labre léopard 38, **38**
 poisson-clown 9
 poisson combattant **17**, 27, **27**
 poisson rouge 16, **17**, 49, **49**, 52
 popularité 11, **11**
 yeux **49**
Popularité des animaux 11
Python birman 41, **41**
Python royal **17**, 31, **31**
Pythons **17**, 31, **31**, 41, **41**

## Q
Queue 18, **18**, 19, **19**, 37, **37**

## R
Races 61
Rats 13,15, **15**
Refuges 56, **56**, 61
Reptiles
 comme animaux de compagnie 17
 définition 61
 lézard 17
 popularité 11, **11**
 serpent 8, 17, **17**, 31, **31**, 38, **38**, 41, **41**
 tortue 6, **6–7**, 49, **49**
Réserve 40, 61
Roche de compagnie **50**, 51
Rongeurs
 chinchilla 15, **15**, 30, **30**
 cochon d'Inde 14, **14**, 38, **38**, 39
 définition 61
 gerbille 14, **14**, 31, **31**
 hamster **1**, 8, 15, **15**, **20–21**, **26–27**, 27
 souris et rat 15, **15**
Rottweiler **12–13**, 48, **48**

## S
Séismes 56
Sens 43, **43**, 52
Serpent 8, 17, **17**, 31, **31**, 38, **38**, 41, **41**
Singe capucin **34–35**, 35
Singes 25, **25**, **34–35**, 35
Situations d'urgence 56–57
Sons d'animaux 48
Souris 15, **15**
Spas pour animaux 23
Squelette 18, **18**

## T
Teckel 49, **49**, 52
Terrier de Norwich **19**
Tétras **58–59**
Thérapie animale 34–35, **34–35**
Tigre 40
Tortue 6, **6–7**, 49, **49**
Truffes 19, **19**, 29

## V
Vêtements pour animaux 23
Vétérinaire 38, **38**, 61
Voyage dans l'espace 36

## Y
Yeux 49

*À la mémoire de « Suitcase »,
mon premier chat. — J. S.*

**Publié par National Geographic Partners, LLC**
John M. Fahey, *président du conseil d'administration
et chef de la direction*
Declan Moore, *vice-président directeur; président
de l'édition et des voyages*
Melina Gerosa Bellows, *vice-présidente directrice;
chef de la création, livres, enfants et famille*

National Geographic est l'une des institutions scientifiques et éducatives à but non lucratif les plus importantes au monde. Fondée en 1888 pour « accroître et diffuser les connaissances géographiques », sa mission est d'inciter le public à se préoccuper de la planète. Elle informe chaque mois plus de 400 millions de personnes dans le monde par son magazine officiel *National Geographic* et d'autres magazines, et par de multiples moyens : émissions de télévision, films, musique et émissions de radio, livres, DVD, cartes, expositions, événements en direct, publications scolaires, produits multimédias et marchandises. National Geographic a financé plus de 10 000 projets de recherche scientifique, de préservation et d'exploration, et elle soutient un programme éducatif promouvant le savoir géographique. Pour plus de renseignements, veuillez vous rendre à nationalgeographic.com.

**NATIONAL GEOGRAPHIC** et la bordure jaune sont des marques de commerce de National Geographic Partners, LLC et sont utilisées avec autorisation.

Catalogage avant publication de Bibliothèque et Archives Canada

Spears, James
[Everything pets. Français]
Absolument tout sur les animaux de compagnie / James Spears; texte français du Groupe Syntagme.

(National Geographic kids)
Traduction de : Everything pets.
Comprend un index.
ISBN 978-1-4431-6983-7 (couverture rigide)

1. Animaux familiers--Ouvrages pour la jeunesse.
I. Titre. II. Titre :

Everything pets. Français. III. Collection: National Geographic kids.

SF416.2.S59514 2018      j636.088'7      C2018-902609-X

Copyright © National Geographic Partners, LLC, 2013.
Copyright © National Geographic Partners, LLC, 2018, pour la version française.
Tous droits réservés.

Il est interdit de reproduire, d'enregistrer ou de diffuser, en tout ou en partie, le présent ouvrage par quelque procédé que ce soit, électronique, mécanique, photographique, sonore, magnétique ou autre, sans avoir obtenu au préalable l'autorisation écrite de l'éditeur. Pour toute information concernant les droits, s'adresser à National Geographic Books Subsidiary Rights : ngbookrights@ngs.org

Édition publiée par les Éditions Scholastic, 604, rue King Ouest, Toronto (Ontario) M5V 1E1 avec la permission de National Geographic Partners, LLC.

5 4 3 2 1     Imprimé en Chine 38    18 19 20 21 22